ÉCRITURES ÉCAILLÉES

(*Le pupitre de l'être*)

Dominique Feuga-Delpech

Écritures Écaillées

(Le pupitre de l'être)

Poésie

© 2023 Delpech, Dominique - Feuga
Édition : BoD - Books on Demand, info@bod.fr
Impression : BoD - Books on Demand, In de Tarpen 42, Norderstedt (Allemagne)
Impression à la demande

ISBN : 978-2-3221-4283-5
Dépôt légal : Avril 2023

À *Pauline*
À *Rosalie*

> Il faut croire que les mots creusent parfois des galeries souterraines, mystérieuses, et que ce que l'on croit enfoui, oublié ou perdu à jamais, ne demande qu'à resurgir au moment le plus inattendu.
>
> **Gaëlle JOSSE**

> Mon esprit est un jardin désordonné. Une friche remplie de coton, de glace, de ronces et de fraises sauvages.
>
> **Thomas VINAU**

> Réciter des poèmes
> remet tout le monde
> au même niveau.
>
> **Kae TEMPEST**

Jardinière

J'ai planté un parterre de lettres
Avec des graines spéciales
Vingt-six précisément
Avec patience j'ai a t t e n d u
            A t t e n d u
     Enfin tout est venu
M
A

J
A
R
D
I
N
I
È
R
d E s   mots
         S'est mise à pousser
         Grâce à l'eau
         Grâce à son terreau
         Aux belles ratures des stylos
À la libre invitation des oiseaux
Elle est mon parterre à moi
Mon alter ego
Ma peau lisse d'état

Filtrer le temps

J'aurais voulu
Filtrer le temps
Mener de ma main le tamis
Et regarder le bon temps s'écouler
Comme une rivière ensoleillée
J'aurais peut-être
Perdu mon temps
Mais sans doute
Aurais-je vu
Le mauvais temps
Former un lac
Le temps des cerises
Aurait eu un goût sucré
Dépourvu du noyau
De l'amertume du temps

Révolution

Je ne révolutionne plus
Je rêve aux lucioles
Le ciel sur mes épaules
Couchant le temps révolu

Cahier de brouillard

Je vais mettre
Au propre
Mon b r o u i l l a r d
Pour voir se lever
Mon s o l e i l

Quand bien même

La force
C'est de l'or
Quand bien même
La farce
C'est de l'art

Pas si mal

Dans l'amertume
Il
    Y
        A
La mer
C'est déjà pas
Si mal

Un coin de ciel

Il y a des cahiers
    Pour étendre les brouillards
    Pour les regarder
    Quand rien d'autre n'est visible
    Les observer glisser
    Par l'encre d'un simple stylo
    Les voir s'élever se dissiper
    Par la grâce de la spiritualité
    Il rend au coeur tout ce qui lui appartient
    La douceur d'une parole
    La caresse d'un regard
    L'étendue d'un sourire
    La marque d'une âme
        Et un coin de ciel bleu

Un seul regard

On pense souvent aux casseroles
Que l'on porte
Plus ou moins honteuses douloureuses   tes
En oubliant que d'un seul regard   lan
Porté vers le ciel   ce
D'autres nous attendent   tin
Et nous portent bien plus magiques et   é

Infinité justesse

Un jour certain
Je suis sûre de   m o u r i r
Je ne sais   quand ni comment
Je sais juste que   j'aurais essayé
    Avec une   infinité justesse
De coudre ma main   d'accrocher un sourire
De tatouer   mon amour
    Sur leur   peau délicate
Et de l'emporter   un peu
Vers   l ' é t e r n i t é

Le jeu

J'ai choisi
       Mon thème
Ce sera un
        Jeu thème
À
    La
       Folie

Le lampadaire

Tu vois
Le lampadaire
C'est le soleil de mes nuits
Il éclaire
Ma rue
Et bien plus encore
Quand de ma fenêtre
Je le caresse
De mes yeux

Culpabilité

J'ai dit
Va chier à
Ma culpabilité
Pour autant
Elle est restée
Quelle merde!

Parle t'es toi

Parler est un art
Par les chemins confondus
Par les sons vois l'artiste que tu es
    Parler sans se censurer
    Par les sens éveillés
    Parle tais-toi respire
Parle et écris
Par les cris de ton sang
Par le sucre et le sel
    Par tes cellules
    Parlemente raconte
    Par les libellules
Parle à l'oiseau
Par la voix de ton coeur
Parle et montre
    Par l'heure du temps
    Par le soleil la pluie
    Parle et t'es toi
Parle à ton chien
Parle tout haut
Parle et amuse-toi
    Par le clair de lune
    Parle à ta foi
    Parle à la Terre
Par l'eau de mer et d'océan
Perle la vie perd le contrôle

Nature morte

Sur la planche de bois
Quatre tomates
Ramassées dans un jardin
À portée
D'une cigarette électronique
Et d'un bol de croquettes vide

Arroser

Arroser le citronnier
Arroser le lilas
Arroser le laurier rose
Arroser le pommier
Arroser l'azalée
Arroser l'érable du Japon
Sécher toute mes larmes

Transfuge

La peau est quelquefois transie de froid
La poésie elle
transfuge toujours ce froid

Autre chose

J'aurais aimé transfuser
Autre chose que du sang
Dans mon métier d'avant
Des poches débordantes
De papillons de fleurs
De lianes et de bambous
Rouge jaune
Orange bleue
Faisant écarquiller les yeux

Apprivoiser

Laisser venir à soi
Peu à peu
Offrir à ses yeux
La caresse

Apostropher

M'ensonger et rêver
C'est
L' apostrophe
Qui
Sauve de tout

Pain perdu

Je me suis préparée
Du pain perdu
Je suis seule
Une après-midi de
Tristesse habite en moi
Aucun témoin
Peut-être le chat roux
Assis et ne sachant pas
                Le noir de mes pensées
La poêle est chaude
Le pain n'est pas à partager
Ma solitude prend feu
C'est donc vrai que
Tout le temps perdu ne se rattrape guère
Tout le temps perdu ne se rattrape plus ?

Chasse solidaire

On pourrait
Nos yeux dans la lunette
Viser le ciel et tirer des plans sur la comète
On immortaliserait
Ce fichu
Temps

Muse

Elle s'amuse à mentir
Et de sa ruse point de délire
L'âme est usée des vérités
L'amusement montre ses dents
La muse pose en déesse
Cheveux au vent son allégresse
Elle
    Sa muse
             Et moi-même
Nous entraînons nos âmes au loin
De toutes nos peines

La mer

Avec
La tombée de la pluie
La mer n'a plus le même visage
Elle est trempée
Et vient s'égoutter
Sur les rebords des coquillages
Pour
Sécher ses larmes

Sultane of swing

Dire que le désert
    Me quitte en l'écoutant
    C'est peu dire
    Dire que le métal de la guitare
    Me chauffe le coeur
    Que la voix
    Pénètre mon esprit
                  Dire strait Dire strait

Dire qu'en sultane
    Je voyage de palais en palmier
    C'est peu dire
    Dire que je danse
    Dunes et chevaux tout autour
    Les couleurs des étoffes
    Lumière du soleil
                  Dire Strait Dire Strait

Dire que c'est du passé
    Et ne pas s'en soucier
    C'est peu dire
    Dire que j'avance
    Aux rythmes des saisons
    Porteuse de mes mots
    Vertige des passions
                  Dire Strait Dire Strait

Deux mains

Écritures écaillées
Une main
Sur
Le stylo
L'autre caressant
Le papier

Déversement

La nuit
Je crie des vers
Ils sont parfaits
Pour faire taire
Mes insomnies
Au petit matin
Ils sont
Complètement sonnés
Au travers de mon oreiller

Chasse solitaire

Mon oeil
Dans la lunette
J'ai visé le ciel avant de tirer
Des plans sur la comète
Or
Ma main
A tremblé
La comète s'est volatilisée

Semer

Semer les tulipes
Semer les graines de fleurs des prairies
Éviter la pagaille
Semer la force
Puis se soumettre
À
Cette
Putain
D'attente

Possibilité

L'autoroute   Péage
        Des   De
                Rêves   Pas
                        N'a

Artistes

        Le peintre
Donne
        Son regard
        Sur le monde
        Le sculpteur
Donne
        Sa permission
        Pour le toucher

Entre choses

L'ordre des choses
        C'est
Naître vivre mourir
Le désordre des choses
        C'est
Mourir d'être né
Sans comprendre la vie

Le voilier

Le chat roux
Posté sur le confiturier
Contemple le tableau
Peint de la main
De ma fille mon amour
Le voilier sur la mer
Il doit avoir besoin de voyage
Lui aussi

Focus

L'arbre à kaki
Dans ce jardin
De l'abbaye
Avec ses fruits ronds comme
Les seins d'une mère
Comme ça donne envie

Colorer

Peindre du doigt
Sur la terre gelée
Lentement
Le noir des pensées
S'en débarasser vite
Enfin
Reprendre des couleurs

L'an 1882

Barcelone
Pour cinq noisettes
Dans la poche de Gaudi
Un tramway
Une ébauche de cathédrale
Tout un rêve
Devenu
Réalité

Ni plus ni moins

Le silence
Comme un mot
En
Moins
La brisure
Comme un mot
De
Trop

Lasse

    Se   tenir   trop à   carreau
        Avant de piquer une tête

```
    x
    u                                    E
    a                                     t
    m                                    l
    i                                     a
    n                                     s
    a                                     s
      s                                  e
        t                                 d
          i                                e
        t                                c
       e                                o
      p                                 e
    x                                    u
    u                                     r
    a      Donner     tout    le     trèfle
```

Graine

Prenant de la graine
Je laisse couler
Huilée aux pépins des lendemains
Je glisse
Mon grain de sel
Ne peut relever le défi
Du seul grain de beauté
Qui file
Ou se défile
En faux fil de l'existence

Palindrome

De gauche à droite   de droite à gauche
C'est du pareil au même
Le chemin seul est autre
Mais te mène à ce dimanche
22 02 2022

Bel oranger

Ornée de lierre est
Le reflet de ton visage
Un sentier de la terre
Aux abord d'un beau village
Un parme rhododendron
Offre le fruit d'un présage
En presse de citron
Filtrant tous les âges
À la porte cochère
Se respire un bel oranger
Aux feuilles vertes et fières
Décrochée d'une main psychée et
Accouchant de long doigts de fée
Sa paume dit d'entre les lignes :
"Ressens cet arôme car de l'agrume
Naît le cygne et de vague à l'homme
La mer berce cet oiseau digne
Guidant toujours les jolis mômes"

À choisir

Dans la " Casa de papel " je serais Nairobi
Dans " L'île au trésor " je serais le trésor
Et toi ?

Hypothèse

On aurait pu avoir
Une lune en   triangle
Une terre au   carré
Des océans en   trapèze
Des gouttes de pluies   hexagonales
Et nos gueules en   ellipse
Au nom d'un autre dieu rond comme un ballon

Encenser

Encenser la ville
De ses pas la fouler
Prendre garde aux rigoles
Encenser la couche de pauvreté
Qui dérive
Insensée

ÉVIDENCE

Une abeille
Ça fait du miel
Deux abeilles
Deux fois plus de miel

RAYONNER

Forcer d'un trait un C
De papier E-B HB
              À sa guise
C'est CRAYONNER
De bonne mine

PESÉE

Je me saoule parfois moi-même de mots enivrants
Aux taux d'alcoolémie proche du kilo drame

Endormissement

Un vent de sommeil
Soufflant sur mes paupières
Fait mon rendez vous
Moi l'enfant sage
J'y attelle mes rêves
Licornes obligées
Quelle que soit ma main
En chasseur de papillons
Elle les portera

L'âme ouragan

L'amour
Rageant
Fait l'âme ouragan
L'amoureux vit
Et l'âme
Surgit

Raie par raie

Je voudrais être
Raie par raie
Un
Trait
Qui se dessine
Suivi d' un autre
Trait
Inscrit d'une plume fine
Son encre me donnerait
À exister
Raie par raie
Je voudrais être

Écritures écaillées

Le chant des si règne
    Dans les eaux profondes aux
        Écritures **écaillées**

Outrage

L'ensemble de l'outrage
Fait à la Terre
Nous fait payer cher l'addition
    Fruits fleurs légumes
    Exploités
    Enserrés gaspillés
Animaux
Enfermés
Surexploités assassinés
    L'homme
    Étouffé malmené
    Réduit à baisser les yeux
    Sur son écran tactile

La garrigue

L'Aude
Avec ses paysages
De garrigue
C'est fou comme ça
M' irrigue

Vers le monde

Oublier
Pour se lier à nouveau
Pardonner
Pour donner encore
S'oublier
Se pardonner
Être soi
Bas de laine duvet d'oie
Belle narcisse
Tout en couronne
        V e r s   l e   m o n d e
Faire d'un
Cheval de bataille
Un équidé
De résistance
Qui
Des pauses à tes pieds
Avance léger
Stoppe le temps
Sans reculer d'autant
        V e r s   l e   m o n d e
Fermement libre
Le coeur en selle
Aimer semer
S'émerveiller
Veiller sans cesse pour
S'émouvoir encore

Suffisance

Noyer le poisson
couler des bronzes en or massif
baigner dans des certitudes
Et voir flotter
Son drapeau d'humain
Sur la croisière du temps
Un bon programme pour
Les connards

Troisième saison

Un soleil d'automne
Après
Une pluie d'automne
Pendant que je
Noircis
Ma feuille d'automne
Le coeur un peu
Jauni

Valse

J'ai toujours écouté
>> The Cure
> Avant même de soigner

>> ...Lullaby
>>> Charlotte Sometimes
>>>> The Lovecats...

J'ai continué de danser
>> Après même avoir tout fait
>> Valser

Jonquilles

> Nos vies attendent
> Dans leur coquilles
> Une percée
> Au milieu d'un parterre de
> Jonquilles

Assise sur un banc

Si j'étais une fleur
Je ferais de son corps
Une ode de senteurs
Sans soupçon d'un effort
Ainsi les papillons
Par leurs ailes velours
En bâtisseurs de ponts
Voleraient tout autour

Si j'étais une mer
De Corail ou d'Égée
Fort son voilier de chair
Flotterait sans danger
Et dans les profondeurs
Mêlant tant de trésors
S'ajouterait son cœur
Battant de mille accords

Si j'étais cette lionne
Ayant gravi le trône
En déesse malienne
Je la nommerais elle
Tout son palais orné
De beaux rhinocéros
Logerait ses pensées
Aussi douces que féroces

Si j'étais un courant
Je serais une brise
Pour arrêter le temps
Et redonner la mise
De ces jours égarés
Où la chaleur de toi
Se lovant à mes pieds
Aiguiserait ma joie

Bien que je ne serai
Jamais ni fleur ni mer
Vois mon encre séchée
Au souffle de mon air
Et mes mots épousant
D'une infinie caresse
La lionne et le courant
Aux allures de tresse

Si j'étais un enfant
Je resterais le tien
Et assise sur un banc
Je te tiendrai la main
Sans rien de plus à dire
Que le chant des oiseaux
Mais nos yeux faits de rires
Et l'amour fait d'échos

COLLIER

Réapprendre en douceur à aimer la vie
À fustiger l'emballement de cette tête pensante
À décapiter les angoisses
Les soumissions les peurs
Et faire de chaque instant
Un collier surmonté des
Plus beaux coquillages

ACCORDER

Accorder un bout de ciel
À une étoile
Accorder un quartier de lune
À son visage pâle
Face au souffle du vent
En premier de cordée
Ne pas dévisser

Semaine 46

C'est un lundi
Avec mon stylo neuf
Je peux écrire ma semaine
Me l'approprier
Déjà la faire belle triste insipide
Ou pas
C'est la semaine 46
Je faisais quoi moi
Ce lundi là
De mes quarante six ans ?

Poster

En retrait se poster
En VOST s'envelopper
Sans riposte
Au timbre feutré
Des
Êtres
Aimés

Bilan

Dire que j'ai eu
Cinq fois dix ans
Ça fait beaucoup
De corde à sauter

Analyse de situation

Mes chats
Croquettent la vie
À pleines dents

Affaire de stylo

Ex infirmière des plus infirmes
Je me soigne au stylo bille
Plutôt qu'au stylo à insuline
Je panse mes plaies
De vagabondes pensées

Arabesque

La confiance est une anse
Elle configure tout
Ton regard sur le monde
Dépend de ta main
Enroulée comme un serpent
Osant défier et se confier
Ta confiance t'appartient
Donne-lui sa chance elle te portera
Pour partir sur son chemin
Tout dépend de toi
Elle est ton aorte ton séquoia
Ta confiance te rend belle
Et le clochard
Aussi beau qu'un dieu
Elle est une anse un petit délice à soi
Une confiture de mots doux
Dont tu as besoin
Chaque jour passant
Ose en prendre soin
Ta confiance brise les murs
Elle livre et délivre ta force
T'emmène vers ton but
Celui d'être
Ce que tu es vraiment
Une arabesque
Sans masque sans flasque
Une volute de fumée bleue

À LA HAUTEUR

Je suis
À la hauteur
De mes rêves les plus fous
Qui transforment
Les barreaux d'une cellule
En barreaux d'échelle

LA NUIT

C'est la nuit
        Enfin
                C'est latent

ET PUIS

Épuisée
Et puis
C'est tout

De ceux

On peut être de ceux qui ont
Peur
Toute leur vie
Peur d'aimer peur d'être aimé
Peur de leur père
Peur de ne pas être aimé de leur père
Je les comprends

Aussi

J'ai toujours un chat
Qui
Veille sur moi
Sous couverture
D'avoir faim
Un chien   aussi

Yin yang

Il y a des transmissions
Dont on se passerait bien
Ça arrêterait le mal

Mais plutôt

On ne dit pas ou plus tu vas fermer ta gueule
Mais plutôt
Comme tu serais beau
Avec ta bouche cousue d'un fil d'or
Non résorbable
On ne dit plus non plus tu me manques tellement
Mais plutôt
J'ai un gros passage à vide
Sans comprendre pourquoi

Punk à chien

Elle et moi
Dans la voiture
Elle
qui me parle du punk à chien
moi
qui suis tellement bien
de la retrouver

Issue

    La
        Poésie
            Ça
                Vous
                    Sort
                        De
                            L'enfermement

O'cedar

Certaines
Critiques
Chiffonnent
Complètement le
Cœur qui réduit en poussière attend la
Chamoisine

Mathématiques souterraines

Je multiplie mon temps
À ne pas soustraire mes rêves
Quand s'additionnent mes besoins
De fractionner mes chagrins
Alors je pose mes envies
Et je retiens mon désespoir
Je retranche l'avenir aux souvenirs
Appose ma virgule proprement
Divisant ma vie d'hier et maintenant
Je multiplie mes rêves
Et me soustrais au temps

Anges

Puisse
Mésanges
Être aussi
Tes anges

Tensions

Il y a
    Des lits
        Et
    Des tensions provisoires

Essence

Le bûcheron
c'est le bois
Le vin le vigneron
Le tourne-en rond
C'est moi parfois

Mortelle rencontre

Un jour
La nuit
Nous recouvre
Est-ce donc le moment venu
Où les autres nous découvrent ?

Fleur ou papillon

Je ne sais des deux
Lequel j'aimerais être
Moi qui effleure ou papillonne
De mes mains de mon esprit
Vraiment je ne saurais dire
Tant l'un et l'autre
Est beau à découvrir
Est bon à ressentir
Quand se confond
Au détour d'un regard
Un pétale d'une aile
Rien n'est jamais trop tard
Pour que le rêve en soit poudré

Dérober

Voler par l'éclat de sa fermeture éclair
Et regarder la robe foulée de papillons
Retourner la terre

Pas grave

Au dessus du lavabo
J' y ai vu une pomme flétrie
Pas grave je vais faire de la
C
O
M
P
O
T
E

Notes de cuisine

Marianne Faithfull et son *Little bird*
Et moi qui cuisine
Léonard Cohen et son *I'm your man*
Et moi qui boit
Patti Smith et son *Dream of life*
On est quatre
À se partager
Un espace dans
Ma cuisine émotionnelle

La couverture ailée

Si le ciel comme une vaste étendue reposait à nos pieds les planeurs de passage, la terre les mers et les océans alors abrités d'une couverture ailée donneraient l'envolée aux regards inspirants.
La douceur de ces plumages t'envelopperait, toi le promeneur solitaire, se graverait dans ta chair et un poinçon de liberté s'évanouirait à tes chevilles.
La vue serait immensément belle.
Dans tes veines couleraient les Fous de Bassan dans tes poumons respireraient les Faucons Gerfaut.
Les Toucans connecteraient entre eux tes neurones tandis qu'un bal de Tourterelles Turques épouserait toute la place dans ton ventre.
Tes cordes vocales vibreraient de talentueux Rouge-Gorges délivrant une symphonie parfaitement accordée à tes lèvres bordées de délicates Mésanges Boréales.
Les diadèmes de deux Roitelets Huppés embrassant la place de tes yeux coloreraient d'un jaune étincelant ton regard éternellement lumineux.
L'équilibre de ta posture émanerait de splendides Grues Royales à la grâce étourdissante.
Allongé les bras en croix, toi le promeneur solitaire tu prendrais la forme d'un Condor dont le vent soulèverait ton plumage brun-noir sans l'endommager.

Ta poitrine palpiterait d'immuables et sages Colombes enlacées insufflant d'une blancheur solennelle le panache de tes éminents désirs.

 Embrassé de toute part de Rossignols Philomènes de Cygnes Chanteurs de Grives Musiciennes de Canards Siffleurs et de Linottes Mélodieuses l'horizon ne serait que chansons.

Le ciel à la renverse volerait de partitions aux becs auréolés aux pigments multicolores et à l'éternité radieuse.

Sac à mots

        Libellule
           Baliverne
    Coquelicot
        Mélancolie

   Papillonner
   Dépatouiller
  Mille - pattes
 Ne t'en fais pas

            Corneilles
          Licorne
        Désaccord

Brise   Cheval
Abricotier   Parchemin
Colibri   Corniche

      Claquement
    Éclat de rire
     Recycla

Fontaine
Confondue
Girafon

         Lendemain
        Malentendu
        Cerf-volant

Distanciation

Je suis sur mon 31
Tandis que toi dans ton 19
À eux deux   un demi-siècle
Et sans mes dix doigts
Je manque de pouvoir
Te toucher

Caresse du temps

Matin de coton
Dans le ciel se dissipe
Un cœur apparaît

Tristesse

Toujours en lame de fond
Cette foutue tristesse qui
Ne me quitte pas

Parfum

Je voudrais sentir

    Figue fleur fennec
    Bois baie baleine
    Mûre miel moineau
    Pinède perdrix papyrus
    Dingo dianthus dodo
    Amande agneau aloes
    Cèdre caïman coton
    Violette vigne vache

Chaque jour de lune et de soleil aussi

Sur les chemins

Elle a un petit air de gitane qui me plait
Un jour
Je lui ferai cadeau d'une roulotte
Et on partira ensemble
Sur les chemins

Horizon lointain

        A n'avoir
        De cesse de
        Vous garder
Tout près
          Je me contente de
        Vous regarder
                De loin

Salade de fruits

Je pourrais avoir la pêche
Si tu ramenais pas ta fraise
      Tout le temps
Avec ta tête gonflée comme un melon
J'ai juste envie de t'envoyer
Une belle patate moi la bonne poire
Celle qui compte pour des prunes
      Tout le temps
J'en suis tellement étourdie que
J'en tomberais dans les pommes

L'OEIL DU JARDINIER

L'amour est
Une graine
De toutes les saisons
De chaque instant fuyant
Elle attend un baiser
Elle sent la fraise
Ressent la braise
Pressent l'oiseau
Même sans un mot
Sous l'oeil du jardinier
Elle claque d'un noir d'ébène
Elle pousse se démène
Pour qui sait la planter

LA NEIGE

La neige »
Est ma maison
Plus de « Où vais-je ! »
Et mon coeur
À l'unisson
Dépend de ma jument
Couvertures et
Cargaisons

Rayon de lune

Rayon de lune
Soleil croissant
Quartier d'été
Amour blessant
Hiver glacé
Pâle printemps
Rêve de plume
Oiseau chantant
Encens qui fume
Coeur qui s'éprend
Rayon de lune
Pied d'éléphant
Couvre les dunes
D'un pas de géant

Milan

Je suis
Milan
Mi- rapide
Tout dépend de
Mon ciel

LA QUESTION

À la question
Qui êtes-vous?
Répondez
Je suis
Mon chemin

BALBUTIEMENT

Du port
Je vois la digue
Portée par l'arbre
J'en suis la figue
La belle vue d'un sémaphore
M'émerveille
Lorsqu'une abeille
Frôle mon coeur
Elle balbutie serre-moi fort

Imagine

Imagine un peu
La planète bleue
Vois ses océans
Traverser
Le
Temps

Vagabonde

Les vagues abondent
  A
    u
     j
      o
       u
        r
       d'
      hui
          Des vagues à lames
                  Aiguisant la
                      T
                     r
                  i
                s
              tesse

La reine des soupirs

Ma fleur de pot cherche une terre
Où l'essence d'un écho
Souffle le verre
Elle porte le rouge des braises
Le jaune des incendies
Et le bleu des mers lointaines
Rien ou si peu ne l'apaise

Elle est la reine des soupirs
La cible de tous les temps
Elle est tangible elle est tango
Elle est tension elle est tendresse
Elle est tempête elle est tendance
Elle est l'épouse de la pluie et du vent
La maîtresse des châteaux déambulants

Ma fleur de peau a la chair de poule
Elle se dit coquelicot bouton-d'or astrance
Comos et pâquerette
Elle est ma fleur des chants
Aux oiseaux virevoltants
Ma sorcière enchanteresse
Au faucon agrippé au bout des gants

Délivrance

Le moment venu oui
Je vais pousser
Non pas pour accoucher non
Cette force d'expulsion là je connais
Cette délivrance qui donne la vie
Qui se sépare de toi
Te laissant toi et ta sueur
Ta nuque et tes cheveux
Inondés de bonheur
Avec les paumes de la main accueillant
Pour la première fois
L'enfant que tu as porté
Et tellement imaginé

Actualiser

De la veille
 s'éloigner
De l'avant veille
Se dégager
De l'immonde actualité
S'arracher

ONDULATION

La vague ondulée de ton âme
Baignée du corail de tes pensées
Chemine au force d'une rame
Traînant son écume loin du quai

ÉLÉCAMPE ET HYPPOPHANT

C'est la mémoire vive
Pour se sentir vivant
Comme l'éléphant

C'est l'esprit léger
Aux creux des tempes
Comme l'hippocampe

C'est je crois
Un mélange des deux

Sous les feux de la rampe
Je suis l'élécampe
Effusant la distorsion du temps
Je suis l'hippophant

Le fond et la forme

Du fond et de la forme que vaut-il le mieux ?
Le fond la forme ou bien les deux ?
La forme est l'apparence pétant aux yeux
Le fond est la substance un désir impérieux
Une langoureuse danse des hommes et puis des dieux
Pour se remplir la panse et la conscience
Par poignet de semences
La forme a le sourire du trop poli
Le fond envisage la poésie
Soyons à fond la forme ou pas du tout
Ou en bonne et due forme
Pourquoi pas un fond du chocolat
En forme de coeur de corolle de pétale du destin
De petit chat qui miaule
La forme parfaite
Dont ne s'étiole même pas
Le grain de sable parmi les autres
Mais demandant grâce à la mer
Pour que du fond elle le ramène

Zénith

A llumer la
B ougie et se sentir
C aressée par elle, pour ne
D ésirer que sa pâle lueur
E légante et finement
F lamboyante. Puis, aimer regarder onduler cette
G eôlière de tous les coeurs
H ackée dans le plus
I ncroyable et luxuriant
J ardin d'eden où les regards bordés de
K hôl
L aisse miroiter un troupeau de gazelles saoudiennes
M iraculée de la
N ature
O ffertes à mes hallucinations, sans
P eur
Q ue
R ien ni personne n'use de
S ermons ou ne
T ue le silence
U tile aux
V apeurs enivrantes de
W hisky et à la lumière bleutée du
X énon face à mes
Y eux en attente d'un vrai soleil à son
Z énith

Espace

N'est-ce pas ce besoin
D'espace de paroles
Fructifiant
Qui vient sucrer nos vies ?

La toile

La vie est une toile
Seuls sont
Les hommes et leur pinceau
Dont l'encre fait de mots
Vise à toucher le Graal

La langue des oiseaux

Le langage des oiseaux dit que
La vie s'enchêne
Se bois sous notre hêtre
Reste à faire le bouleau
Pour espérer toucher les bourgeons
Du cerisier en fleurs
Et jamais n'avoir
Amandier

Sirop de violette

Chourfette et Toucot
Aiment à se retrouver
autour d'un rêve pour être dans leur
Assiette
Une serviette bien à plat
Au dessus des nuages
C'est un rêve de menthe à l'eau
Ou de sirop de violette
Se passant de mots

Cueillir

Cueillir un regard lumineux
Cueillir un sourire timide
Cueillir une parole sincère   étonnantes en faire un
Cueillir une lune rousse   s   b
Cueillir un espoir éclatant   r   o
Cueillir une étoile filante   u   u
Cueillir un ruisseau débordant   e   q
Cueillir une poussière d'amour l   u
        Et avec toutes ces f   e
                                                               t

Travers de mots

L' imaginaire
Est à la croisée des chemins
Le monde du vivant
Un métissage sans fin

Voilà ainsi que
En fabucienne magileuse
Campanelle et Coccinelle
Vu de mes yeux vu
Libelaine et Marjollule
Vu de mes yeux vu
Voludelle et Hironbilis
Vu de mes yeux vu

Ô regard formitouflant !

Verlan

    Tant qu'on
        Est ensemble
      On est
Content

La mer

La mer d'où j'ai vu le jour est ce jour où je l'ai découverte. Elle, la mer, celle-là même qui éponge tout. La mer éponge tout et tout s'éponge autour d'elle. La mer est la seule à être ainsi.
Elle est la seule, au goût salée naturellement, qui vient te rappeler la force d'exister.
Elle te porte, te fait flotter, bordée d'une écume nacrée, elle t' enveloppe.
Débordante d'eau, elle te recouvre d'ivresse.
T'étreint comme personne ne pourra jamais t'étreindre. Te berce comme personne ne pourra jamais te bercer.
Sa profondeur est quelquefois insondable.
Ses chagrins inconsolables. Elle cherche alors un rocher, un de ceux auquel elle peut se laisser caresser. Un écho à sa voix, un apaisement à son état. Elle laisse passer la lumière venant réchauffer son immensité.
La mer est forte, déchaînée, douce, ensorceleuse, exigeante, voilée mais toujours transportant au gré des marées son fluide inondant de souvenirs.
Elle se répand et se repent.
La mer est une légende, elle aime prendre le temps, tout son temps. Le temps est ce coquillage au bruit de mer latent.

La mer est conte de fée, elle est à regarder de ses yeux d'alchimiste, à humer de son nez de parfumeur, à explorer de ses mains de pianiste.

Quand la nuit la frôle et que le reflet de la lune sur son immensité drapée vient s'écouler, c'est toi que tu vois. Elle et toi.

Mer et lune se mélangent telle soie et coton foulant aube et crépuscule, cristallisant les sillons craquelés sur la vague ondoyante. Mer et lune se brouillent, se confondent, s'entrelacent, se réchauffent.

Mer et lune ont du panache.

La mer tient en éveil, réveille les sens et si ce n'est pas la mer à boire, puisse t-on la manger du regard.

Ô mer, comme tu es belle, toi, la plus éternelle de toutes les subtilités.

L'AIR ET LE FEU

Écoute un peu
L'histoire de cette lanterne
Qui suspendue au grand tilleul
De mon jardin
Est venu éclairer tes lendemains
Tandis que s'aventure une pétillante étoile
Filante
Dans le ciel silencieux
Ensemble
Lanterne et étoile mêlent tes pas
Dans une belle danse langoureuse
Qui lentement
Évapore tous les malentendus
Offrant à tes yeux
Le cadeau majestueux de tes
Talents vertigineux
Mélange d'air et de feu
Scellant au creux de cette nuit
Le souvenir de l'an passé
À la promesse du nouvel an
Venant l'envelopper charnellement
Du besoin et de l'envie
De regarder toujours
La vie devant soi

Églantier

J'ai un églantier
Un palmier un laurier
Un lagerstroemia du lilas
Trois chats
Une table de jardin
Deux chien
Et l'éclat de la vie
Entre mes mains

Aimant si passion

L'amour se fredonne
Se donne des airs
S'envole au vent
Pour traverser la mer
        L'amour autorise
        Craquelle le cocon
        Et d'une chrysalide
        S'ébruite un nouveau son
Il n'y a pas d'amant sans passion
Juste de la lave sans fusion
S'aimant si près mais insuffisante
Pour s'émanciper

La beauté

La beauté se tait
Ou bien elle se boit
 on s'en délecte parfois
Et la bouche entr'ouverte
Offrant une haleine fraîche
Elle nous pénètre
D'elle son odeur se fait
Envoûtante captivante
Une respiration vraie
Un souffle une apnée
Mais la beauté cachée
De Serge et d'autres laids
Se découvre se déshabille
Au fil des jours et d'une année
Elle tourne les pages
Et dézingue les sages
Lorsque ces douze longs mois
Parlent saisons parlent d'émois
Et à l'image d'une falaise
Ou d'une jetée à la criée
Ne nous en déplaise
C'est l'étourdissement des mouettes
Face au bateau d'une autre année
Celle de l'inconnue
Flirtant avec le rêve
Se saoulant férue de bonne résolution

La beauté est sans gage
Un sacre de passion
Et pour seule valise
Le coeur caméléon
Le beau T du Toujours
D'un feu rougeoyant de paille
Puis de la nuit du jour
Et d'un bras
Étreignant ma taille

Constellation

JE vois bien que tu
CRAINS de te rendre à cette fête
QUE l'on te propose à l'inverse de
CETTE grande excitation qui nous tient en
VIE lorsque de par moi-même je
M'ENTOURE de la chaleur de tes bras
UNIQUEMENT dans l'espoir
DE pouvoir t'offrir des moments
SACRÉS où nos âmes mêlées forment une si belle
CONStellation
QUEL bonheur loin de tout sentiment de
GÂCHIS !

Abreuvoir

Garde-toi à l'abri sois ton propre berger
Au plus près de ton chien ton écorce préservée
Le temps file d'entre les mains ne le piétine pas
Accorde-lui le plus grand soin
Sa musique t'étonnera
À la fois doux et tannique le temps ne se perd pas
Cherche en lui le magnifique
Bois-le avec éclat

Le pupitre de l'être

Je vais
Continuer la route des mots
Peut être bien
M'arrêter
Dans certaines petites clairières
Histoire de m'asseoir au plus près
Du pupitre de l'être
Afin d'offrir au monde
Cet arbre
Fleuri
De
Soi

Table

11	JARDINIÈRE
12	FILTRER LE TEMPS
12	RÉVOLUTION
13	CAHIER DE BROUILLARD
13	QUAND BIEN MÊME
13	PAS SI MAL
14	UN COIN DE CIEL
14	UN SEUL REGARD
15	INFINITÉ JUSTESSE
15	LE JEU
16	LE LAMPADAIRE
16	CULPABILITÉ
17	PARLE T'ES TOI
18	NATURE MORTE
18	ARROSER
18	TRANSFUGE
19	AUTRE CHOSE
19	APPRIVOISER
19	APOSTROPHER
20	PAIN PERDU
20	CHASSE SOLIDAIRE
21	MUSE
21	LA MER
22	SULTANE OF SWING
23	DEUX MAINS
23	DÉVERSEMENT
24	CHASSE SOLITAIRE
24	SEMER
25	POSSIBILITÉ
25	ARTISTES
26	ENTRE CHOSES
26	LE VOILIER
27	FOCUS
27	COLORER
28	L'AN 1882
28	NI PLUS NI MOINS
29	LASSE
30	GRAINE
30	PALINDROME

31	BEL ORANGER
31	À CHOISIR
32	HYPOTHÈSE
32	ENCENSER
33	ÉVIDENCE
33	RAYONNER
33	PESÉE
34	ENDORMISSEMENT
34	L'ÂME OURAGAN
35	RAIE PAR RAIE
35	ÉCRITURES ÉCAILLÉES
36	OUTRAGE
36	LA GARRIGUE
37	VERS LE MONDE
38	SUFFISANCE
38	TROISIÈME SAISON
39	VALSE
39	JONQUILLES
40	ASSISE SUR UN BANC
42	COLLIER
42	ACCORDER
43	SEMAINE 46
43	POSTER
44	BILAN
44	ANALYSE DE SITUATION
44	AFFAIRE DE STYLO
45	ARABESQUE
46	À LA HAUTEUR
46	LA NUIT
46	ET PUIS
47	DE CEUX
47	AUSSI
47	YIN YANG
48	MAIS PLUTÔT
48	PUNK À CHIEN
49	ISSUE
49	O'CEDAR
50	MATHÉMATIQUES SOUTERRAINES
50	ANGES
51	TENSIONS
51	ESSENCE
51	MORTELLE RENCONTRE
52	FLEUR OU PAPILLON

52	DÉROBER
53	PAS GRAVE
53	NOTES DE CUISINE
54	LA COUVERTURE AILÉE
56	SAC À MOTS
57	DISTANCIATION
57	CARESSE DU TEMPS
57	TRISTESSE
58	PARFUM
58	SUR LES CHEMINS
59	HORIZON LOINTAIN
59	SALADE DE FRUITS
60	L'OEIL DU JARDINIER
60	LA NEIGE
61	RAYON DE LUNE
61	MILAN
62	LA QUESTION
62	BALBUTIEMENT
63	IMAGINE
63	VAGABONDE
64	LA REINE DES SOUPIRS
65	DÉLIVRANCE
65	ACTUALISER
66	ONDULATION
66	ÉLÉCAMPE ET HYPPOPHANT
67	LE FOND ET LA FORME
68	ZÉNITH
69	ESPACE
69	LA TOILE
69	LA LANGUE DES OISEAUX
70	SIROP DE VIOLETTE
70	CUEILLIR
71	TRAVERS DE MOTS
71	VERLAN
72	LA MER
74	L'AIR ET LE FEU
75	ÉGLANTIER
75	AIMANT SI PASSION
76	LA BEAUTÉ
78	CONSTELLATION
78	ABREUVOIR
79	LE PUPITRE DE L'ÊTRE

Je crois bien que je me moque d'à peu près tout. Je dis: je crois, car qui est sûr de jamais disposer d'une telle force?   Sur cette première constatation, se greffe la seconde: rien ne m'est indifférent. Voici donc les deux ailes avec lesquelles je vole: détachement, sympathie.
La première m'emporte très haut, la seconde m'aide à emporter avec moi tout ce que je vois.
Il faut qu'elles battent en même temps, bien sûr, sinon c'est la chute.

Christian BOBIN

Bricolage

Tu naquis d'un bricolage
Du génial univers
Par étranges combinaisons
Par surprise et par liaisons
Tu devins Toi plutôt que mouche
Plutôt que zèbre souris lion

Surgi du magma des possibles
Et de la souche de toute vie
Tu devins Toi
Unique au monde
Face à l'éphémère défi

Andrée CHEDID